행복기빙의 여유공간

행복기빙의 여유공간

초판 1쇄 | 2015년 3월 20일
저　　자 | 박효정

펴 낸 이 | 차영미
편　　집 | 디자인그룹 여우비
펴 낸 곳 | 서정문학
등록번호 | 제324-2014-000060
등록일자 | 2008. 3. 10
주　　소 | 서울시 강동구 풍성로 136, 삼성아파트상가동 115호
전　　화 | 02-720-3266
팩　　스 | 0505-115-3266
홈페이지 | http://cafe.daum.net/seojungmunhak.com
이 메 일 | sjmh11@hanmail.net

ISBN 978-89-94807-41-6 03810
정가 10,000원

이 도서의 국립중앙도서관 출판예정도서목록(CIP)은 서지정보유통지원시스템 홈페이지(http://seoji.nl.go.kr)와 국가자료공동목록시스템(http://www.nl.go.kr/kolisnet)에서 이용하실 수 있습니다.(CIP제어번호: CIP2015005675)

|박효정 작가의 세상을 향한 세 번째 작은 메시지|

행복기형의 여유공간

박효정 지음

도서출판 서정문학

머리말

시간아 부탁해를 출간한 이후 많은 분의 관심과 사랑으로 감사하고 행복한 나날들을 보냈다.
어떤 분은 나의 두 손을 꼭 잡으며 책을 통해 공감하는 부분이 많아서 위로가 되었다며 눈물을 글썽이기도 하셨고, 글의 내용이 나의 밝은 이미지와 맞지 않는 어두운 부분이 많아 걱정하시는 분도 있었다.
대부분의 사람은 마음속의 행복을 꺼내어 기쁜 감정을 표현하지만 그외의 어두운 감정은 마주할 용기가 없어 외면하거나 더 깊이 숨겨두려 한다.
그러다 어느 날 꾹꾹 눌러두었던 감정이 밖으로 쏟아져 나오면 대처하지 못하고 당황하게 되는 것이다.
아이가 크게 울면 대부분의 어른은 "울면 안 돼. 그만 뚝! 해"하며 슬픈 감정을 자신이 이겨내게 해야 한다고 생각하는 이가 많다.
하지만 사람은 어른 아이 할 것 없이 순수한 감정을 드러내야 하는 존재이기에 그대로 받아들이도록 감정표현을 도와주어야 한다.
그렇기 때문에 우리는 내 안에 있는 나의 것, 나의

감정인 데도 지나치고 무시하며 무의식적으로 어두운 감정을 드러내면 안 되는 것이라고 인식하게 되는 것이다.

나는 그동안 외면하고 살았던 감정들을 그대로 받아들이고 표현하기로 했다.

몇 년 전 박효정은 자존심으로 똘똘 뭉쳐서 찔러도 피 한 방울 안 나올 만큼 강하고 딱딱한 사람이었다.

어느 날 마음 깊은 곳의 생각을 하나씩 꺼내어 글로 표현하고 생각하기를 반복하면서 내 자신의 감정과 마주하게 되었다.

그리고 차갑고 강했던 모습은 자존감이 아닌, 자존심으로 자기방어의 수단이었다는 것을 알게 되었고 조금씩 나의 감정을 받아들이면서 자존심의 자리에 자존감으로 채워 넣기 시작하였다.

그 후 내 안에 따뜻한 햇살이 비추는 것처럼 포근하고 평안한 감성이 찾아오면서 다른 사람에게도 그 따뜻함을 나눌 수 있는 여유가 생기게 되었다.

그래서 사람들이 쉽게 꺼내지 않으려는 감정을 그 사람이 되어 대신 꺼내어 표현해주고 함께 공감하며 위로가 되어 주기도 하였다.
나의 글을 통해 가슴 깊이 숨겨두었던 감정들을 함께 공감하고 감정을 인정하며 받아들이는 계기가 되기를 바란다.
그로인해 이 글을 읽는 모든 사람들이 평안함을 꼭 느껴보기를 원한다.
'행복가방의 여유공간' 이 비록 한 권의 작은 책이지만 가랑비에 옷이 젖듯 잔잔하고, 은은하게 따뜻함으로 다가가는 부담 없는 책이 되어 함께 공감하고 위로 받으며 지친 사람들의 마음을 움직이고 감동을 선물해 줄 수 있기를 기도해 본다.
세 번째 책을 출간할 수 있도록 끊임없이 곁에서 응원하고 기다려준 나의 사람들에게 감사의 마음을 전한다.

-지혜의 구슬 박효정 작가-

CONTENTS

소리의 메아리, 마음의 메아리

2부 분별력의 가위

기다림과 설레임의 소리

나를 지키는 방법

1부

소리의 메아리,
마음의 메아리

눈물의 힘

삶의 버거움이 느껴져 더 이상 한 발자국도
움직일 수 없을 땐
내 안의 눈물을 꺼내어보세요.

아무것도 생각하지 말고 어린아이처럼
펑펑 울어버리는 거예요.
눈물로 모든 것을 씻어버리고
깨끗이 비우는 겁니다.

우리는 무의식적으로
슬픔은 감춰야 하고 드러내면 안 되는 것,
슬픔을 표현하면 약하고 못난 사람이라는
인식을 하고 있어서 눈물을 창피하게 생각하고
자존심 때문에 힘들어도 괜찮은 척,
슬퍼도 잘 견디는 척하게 되지요.

마음속의 상처는 깊어만 가는 데도
슬픔을 드러내지 않고 혼자서 이겨내려고만 합니다.

우리는 신이 아닙니다.

혼자서는 아무것도 할 수 없는 나약한,
무기력한 존재이지요.

슬픔을 함께 나누고 덜어내면서 맘껏 울어버리세요.

눈물은 약하고 부끄러운 것이 아닙니다.
눈물은 우리가 가늠할 수 없는 큰 힘이 있다는 것을
알게 될 것입니다.

화나고,
답답하고,
외롭고 슬프신가요?

이제 나의 감정을 그대로 받아들이고
지친 마음을 눈물로 지켜보세요.

눈물은 메마른 마음을 촉촉하게 적셔주는 단비가 되어
내 안에 차갑고 딱딱한 마음의 씨앗을 녹여주고
새로운 희망의 싹을 틔워주게 될 거예요.
눈물은 언제나 나를 든든하게 지켜주는 버팀목.

상처를 어루만져주고 치유해주는 평안의 치료제.

이제 외면했던 내 안의 눈물을 꺼내어
그 큰 힘을 느껴보세요.

눈물은 우리의 마지막 치료제입니다.

행복가방의 여유공간

어제는 사랑하는 사람을 만나
이 세상을 다 가진 것처럼 행복하고,

오늘은 계획했던 목표를 이룬
자신의 모습에 행복하고,
내일은 새로운 사람을 만날 기대감에 행복하고…

행복한 일은 헤아릴 수 없을 정도로 참 많습니다.

이렇게 우리는 인생에 있어 행복을 가득 채우고
살고 싶어 합니다.
그래서 어떻게든 마음의 가방 속에 행복을 최대한
많이 담아보려고 하지만
욕심에 가득 찬 가방은 닫히지 않고 열려서 결국
담긴 행복이 빠져나가기도 합니다.

무엇이든 딱 맞게 채우는 건 어려운 일이지요.
넘치지 않을 정도로 여유 있게 채우는 게 맞지만
행복에 대한 욕심은 언제나 과해집니다.
마음의 가방을 닫기 위해선 조금의 여유 공간이

있어야 합니다.
가끔 그 작은 공간에 행복이 아닌 허전함과
외로움, 쓸쓸함이 채워질 땐 당황스럽기도 하지만
또 다른 감정을 느끼고 누릴 수 있는
나만의 특별하고 자유로운 공간으로 생각해주세요.

여유의 공간 속에 존재하는 허전함과 외로움은
당신을 감성적인 사람으로 만들어주니까요.

빈 공간은 비어 있는 것이 아닙니다.

아니,
비어 있는 공간조차 가치가 있는 것입니다.

행복은 행복이 아닌 것과 함께할 때
더 빛나는 행복으로 다가올 테니까요.

소리의 메아리, 마음의 메아리

자신의 이익을 위해
사람을 이용하는 사람.

아주 작은 손해도 보지 않으려고
이기적인 마음을 드러내는 사람을
만날 때가 있습니다.

전 절대 이용당하지 않습니다.
똑같이 손해보지 않으려 공정한 방법을 제시하여
문제 해결을 하지요.
그리고 가까워지면 그 사람을 위해
쓴소리를 합니다.

하지만 지금까지 그리 살아온 사람의 성격은
쉽게 바뀌지 않더군요.
주변에서 어떤 소리가 들려도 절대 듣지 못 합니다.

그래서 저도 그냥 놓아 버립니다.
이용 당하여 줍니다.

그리 해도 화가 나지 않는 이유는
그 사람에 대한 안타까운 마음이 더 크니까요.

성격이 변하는 게 쉽진 않지만
주변의 소리에는 늘 귀를 기울여야 합니다.
그리고 그 소리의 메아리에 자신의 모습을 돌아보고
평가하며 옳은지 판단해야 합니다.

귀를 닫지 마세요.

나를 진정 아끼는 사람에게서 듣는 소리에
귀를 기울이세요.
자신을 알기 위해 그것만큼 정확한 건 없으니까요.

나 자신을 너무 믿지 마세요.

어느 순간 작은 습관과 환경에 의해 나도 모르게
내가 아닌 다른 사람이 되어있을 수 있으니까요.

가끔 소리의 메아리에 자신을 돌아보고 점검해보는

시간이 필요합니다.

나를 돌아보게 하는
소리의 메아리.

그것은 성숙한 마음의 메아리…

그냥 그런 날

그냥 그런 날.

아무 말도 하고 싶지 않고
아무것도 하기 싫은 날.

누구도 곁에 두고 싶지 않고 찾고 싶지 않은,
누구도 그다지 힘이 되지 않는 날.

내 감정을 알 수 없기에
혼자서 해결하고 정리하고 싶은 날.

이유도 모른 채 울컥 눈물이 차올라
주체하기 힘든 날.

조용히 하나, 하나
시간을 두고 삭히고 싶은 날.

그렇게 알 수 없는 감정의 늪에서
빠져나오려 발버둥을 치다가
어느새 다시 제자리에 돌아온 나를 발견하는 날.

그냥 그런 날.

그때가 있기에

아픈 과거라 해도 잊으려 하지 마.
과거의 네가 있기에 현재가 있고
미래도 존재하는 거야.

오늘도 지나가면 과거가 되는 것이니
현재에만 집중하고 최선을 다하면 되는 거지.

잊으려 할수록 더 떠오르기에
과거의 끈을 놓을 수 없는 거야.

어느 날 기억하기 싫은 과거가 널 찾아오면
피하지 말고 마주하며 그 생각을 꺼내 봐.

잠시 그때의 너가 되었다가
현재로 돌아와 자신에게 이야기해줘.

그때가 있기에 지금 더 성장한 네가 있는 거라고.
그때가 있기에 지금 웃을 수 있는 거라고.
그때가 있기에 지금 더 강해진 거라고.
그때가 있기에 지금 더 행복한 거라고.

그때가 있기에 지금 너는 더 빛나는 거라고…
그렇게
지금의 자신에게 선심 쓰듯 듬뿍 격려하고
칭찬해주는 거지.

과거는 과거일뿐.
과거로 돌아갈 순 없고
앞으로 네게는 현재와 미래만 있을 뿐이야.

이제 과거의 끈을 놓고
자유롭게 현재를 살 수 있도록 과거 속의 너를 놓아줘.

그게 과거의 너에게 주는 마지막 선물이니까.

대충이 아닌 제대로 아는 사람

저를
대충 아는 사람들은 제게 '특이하다' 라고
이야기하지만
제대로 아는 사람은 '특별하다' 고 표현합니다.

대충 아는 사람들은 제게 '까칠하다' 라고
이야기하지만
제대로 아는 사람은 '분명하다' 고 표현합니다.

대충 아는 사람은 제게 '피곤하다' 라고
이야기하지만
제대로 아는 사람은 '완벽하다' 고 표현합니다.

대충 아는 사람은 제게 '독하다' 라고 이야기하지만
제대로 아는 사람은 '여리다' 고 표현합니다.

대충 아는 사람은 제게 '차갑다' 라고 이야기하지만
제대로 아는 사람은 '인간적이다' 라고 표현합니다.

수수께끼를 맞추듯 부분을 보고

추측하며 판단하지 말고
대충이 아닌 제대로.
부분이 아닌 전체를 보세요.

그러기 위해
더 생각하고
더 기다리고
더 가까이 다가와 주세요.

나는 대충이 아닌 제대로 아는 사람이 필요합니다.

우리에겐 대충은 너무 부족하니까요.

대충 아는 사람은 자기자신도 대충 생각하지만
제대로 아는 사람은 자기 자신도 제대로 생각하는
사람입니다.

대충이 아닌 제대로 세상을 바라보기.

하얀 기다림

하얀 눈을 '뽀드득' 소리 내며 여유 있게
밟아보지 못한 채
자동차 바퀴로 대신 눈의 느낌과 소리에 집중하는
하루입니다.

어느 새 눈은 어린 시절 마냥 즐겁고
신기한 눈이 아닌, 번거롭고 걱정스러운 눈이 되어
버린 듯하여 안타깝고 아쉽습니다.
매년 첫눈이 올 때면 초등학교 때 교회 앞마당에서
흘러나오는 캐롤을 들으며
눈을 맞았던 기억이 떠오릅니다.

그날도 첫눈이었지요.
캄캄한 밤하늘에 소리 없이 춤추듯
하얀 눈이 제 얼굴 위로 내려왔습니다.
가로등에 비친 그 눈이 어찌나 아름답던지요.

눈이 얼굴 위에 살포시 내려앉는 그 느낌 때문에
한참 하늘을 보며 눈 내리는 모습을 감상했던
기억이 있습니다.

아직도 그 아름답고 신비로운 장면이 떠오르면
기억만으로도 기분이 좋아집니다.

그리고…
생각해보니 그 후 하늘에서 내리는 눈을
고개 들어 본 적이 없더군요.
오늘도 역시 그렇게 지나가버렸습니다.

그래서
다시 눈을 기다려봅니다.

변함없이 내게 다가오는 하얀 눈을
반갑게 맞이하렵니다.

그것은 하얀 기다림입니다.

머리와 마음의 우선순위

"이젠 그만."

머리는 정지되었으나
마음은 눈치없이 계속 한 곳을 향한다.

머리와 마음은 뜻이 다르지만
머리는 마음을 이기지 못하고 따라가게 된다.

예상했던 결과에 머리는 마음을 탓하고
상처의 슬픔에 아파하는 그 모습에 답답함을 느끼며
다시는 지지않을 것을 다짐하지만
여전히 마음에게는 질 수밖에 없다.

그렇게 머리는 마음을 절대 이기지 못한다.

마음이 움직이지 않으면
머리는 아무것도 할 수 없으니까.

마음이 항상 우선이라는 것을 알고 있으니까.

언제나처럼 지금 이 시간도 마음이 먼저.

내가 만들어가는 나의 작품

나 자신에게 화가 나고
자신이 마음에 들지 않아도 어쩔 수 없어요.
지금 내 모습은 나의 선택으로 만들어진 결과니까
현재 결과에 실망하거나 후회하지 말아요.

그만큼 자신을 괴롭혔으면 이제 됐어요.
더 이상 생각의 깊은 우물에 빠져봐야
계속 제자리걸음일 뿐 답이 없다는 걸 알잖아요.

그냥 잠시 센 바람이 불어 흔적만 남기고
간 것뿐이에요.
다음에 바람을 만날 땐 바람 속에서 함께 움직이며
적응하고 있는 내가 되어있을 테니 걱정 말아요.

이제 나답게 나의 모습으로
지금껏 그래왔던 것처럼 더 강해져서 돌아와요.
또 다른 선택으로 더 나은 나의 결과를
만들어야 하니까요.

화가가 작품을 만들다가 뜻대로 작품이 나오지

않더라도 그동안 공들인 작업을 포기하지
않고 끝까지 완성하는 것처럼
나는 소중한 작품이 되어
어떻게든 수정하고 보완해서
더 나은 작품으로 만들어가야 합니다.

인생을 걸고 조각을 하듯, 그림을 그리듯
열과 성의를 다해 이 세상 어디에도 없는
특별한 내 작품을 절대 포기하지 말아요.

나는 내가 만들어가는
작품입니다.

다른 사람에 의해 만들어지지 않는,
내가 나를 조각해 가는 작품.

잊지 마세요.

나는 원석에서 불필요한 곳을
떼어내고 있는 멋진 작품이 되어가고
있다는 것을요.

화를 다스리는 방법

1. 객관적으로 생각하세요.

객관적이고 냉정하게 현재 상황을 판단해봅니다.
내 눈으로만 보는 게 아닌, 상대의 눈,
제삼자의 눈으로 바라보고
상대방의 감정과 상황을 이해해보는 거죠.
'아~ 그럴 수도 있겠구나.'
'그런 감정이었겠구나.'
상대방의 감정을 수용한 후
"네가 ~ 하면"
"나는 ~ 하다"
"왜냐하면~"
나 전달 방법으로 자신의 의견을 주장해보세요.

2. 감정 조절하세요.

감정을 조절하지 못해 뒤돌아보며 부끄러움에
후회하신 적 있으신가요?
격한 감정이 되지 않도록 스스로 절제하는 능력과
침착함을 키우세요.
아이들을 훈육할 때 아무리 화가 나도 언성을
높이거나 인상을 찌푸리지 않으면서도

눈빛은 살아있고 조용하면서도 단호하게 또 논리적으로 이야기하는 것처럼요.
아이를 대하는 것처럼 하라는 게 아니라 이성적으로 지혜롭게 감정조절을 하라는 뜻입니다.
감정 조절을 못 하는 것은 나 자신에게는 물론 상대에게 지는 것과 마찬가지입니다.

3. 시간을 갖고 생각하세요.

어떻게 문제 해결을 해야 할지, 화를 내야 하는 것인지, 무엇이 옳은 건지, 이해해야 할지…
아무리 생각해도 판단이 서지 않고 생각이 그 자리에 멈춰버리는 경우가 있습니다.
조용히 혼자 생각하는 시간을 가지세요.
섣불리 판단하고 행동한 후에 따르는 결과는 후회가 있기 마련입니다.
잠시 나만의 시간을 통해 충분히 생각한 후 답을 찾아 지혜롭게 행동하세요.

4. 담아두지 마세요.

서로 감정이 안 좋을 때 나눴던 자극적인 대화는

되도록 빨리 잊으세요.
상대도 나와 마찬가지로 화가 난 상태이므로
자극적이고 가시 돋친 말로 당신을 화나게
하고 싶을 뿐, 자신이 무슨 말을 하는지
그 순간에는 잘 모릅니다.
그 말이 진심일지 또 아닐지도 모르지만 좋은 말이
아니라는 건 확실합니다.
내게 도움이 되지 않는, 상처가 되는 말은 담아두지
말고 무조건 잊으세요.

물론… 쉽지 않아요.
저는 황당하거나 화나거나 상처가 되는 일들은
일기나 사진 등을 여러 가지 방법으로
남겨 두는 습관이 있습니다.
그 상황과 연관된 모든 것을 되뇌이고 또 되뇌이며
몸이 아플 정도로 자신을 지독하게 괴롭히기도 합니다.
지독한 이 습관은 그런 일이 반복되지 않도록
스스로 다짐하고 강해지는 나만의 방법이라고
생각했기 때문이죠.
하지만 최근에는 그 상황과 연관된 모는 것은

무조건 보는 즉시 삭제하거나 다른 곳에 집중하고 바쁘게 움직이는 방법을 택하려고 노력합니다.
감정조절 못 하는 미성숙한 사람 때문에
혼자 상처받는 건 제 마음에게 너무 미안한 일이니까요.
절대 담아두지 말고 잊어버리세요.

화를 내지 않고 사는 방법이 있을까요?

화를 참아야 할 때도 있지만
때론 화를 꼭 내야 할 때도 있습니다.
단지 어떤 상황에서 어떻게 화를 내야 하는지
잘 판단하고 지혜롭게 행동하는 것이 중요하겠죠.

잊지마세요.
화火는 조절하지 못할 때 당신과 당신 주변의 모든 것을 태운다는 것을요.

침. 담. 정

폭풍처럼 몰려오는 생각이 두려워
감당하기 어려울 때,

옳고 그름을 분별할 수 없을 때,

알 수 없는 내 생각 속을 들여다보기 위해
모든 것을 뒤로한 채 침묵.

침묵시간 = 담금질의 시간 = 정리의 시간

2부

분별력의 가위

그의 눈으로 바라보는 세상

우리가 원하지 않아도 이 세상은 혼자가 아닌
함께 어울려 살아가야 합니다.
우리는 바닷가의 모래알처럼 많고 다양한 사람을
만나며 사람 때문에
웃기도 하고 울기도 하지요.

내 성격을 바꿀 수 없는 것처럼
사람은 쉽게 바뀌지 않고 변화가 있기까지
많은 시간이 걸립니다.

사람을 내게 맞추도록 강요하고 바라기보다
상대방 때문에 힘겨울 때 마음속 나를 잠시 뒤로하고
그 자리에 상대를 받아들여 보세요.

그의 눈으로 세상을 바라본다면
그동안 알 수 없었던 생각과 행동을 알게 되고
조금씩 숨겨진 내면을 보는 능력을 가지게 될 거예요.

의사가 환자의 눈으로 바라보며 아픈 몸을 진찰하고
아내가 남편의 눈으로 바라보며
무거운 어깨를 이해하고

교사가 아이의 눈으로 바라보며
문제행동수정을 도와주고
서비스 직원이 고객의 눈으로 바라보며
불만을 해결해주고…

그렇게 나의 눈이 아닌 그의 눈으로
세상을 바라보는 것.

마음이 쉽게 허락하지 않지만
단 한 번이라도 나의 눈을 감고
그의 눈이 되어 바라보세요.

잠시 내가 아닌 그가 되어 보는 겁니다.

원만한 인간관계의 기본은
내면의 눈높이를 맞추는 것에서 시작합니다.

나의 눈이 아닌 그의 눈으로
세상을 바라보세요.

그게 진정한 '이해' 입니다.

세상에 남길 수 있는 것

가을이 되어 낙엽이 하나, 둘 떨어지는 모습을 보면
왠지 모르게 허전해지고 수북이 쌓인 낙엽들과 반대로
앙상한 나뭇가지들은 외로워 보이기도 합니다.
하지만 추운 겨울을 잘 견디고 나면 또다시
봄이 되어 싹을 틔우고 꽃이 피기 시작하지요.

나무는 우리의 하루.
우리의 1년.
우리의 인생과 비슷합니다.

하루가 지나면 내일이 오고
올해가 지나면 그 다음해가 오고
우리의 인생이 지나가면 내가 세상에 없다 해도
우리가 남긴 그 무언가는 이 세상에 존재하니까요.

나무가 사계절을 보내는 것처럼
우리도 그렇게 세상을 살아가고 있는 것이지요.

봄, 여름, 가을, 겨울을 보내고
나무는 결국 앙상한 가지만 남겨지지만

또다시 봄이 오면 새싹이 돋아나는 것처럼
이 세상은 계속 순환의 연속입니다.

나무의 낙엽이 땅에 떨어져 거름이 되듯
나의 삶과 또 누군가의 삶에 많은 열매를 맺을 수 있도록 소중한 밀알과 같은 역할이 되어 준다면
하루가, 1년이, 인생이 참 보람되고
가치 있지 않을까요?

한 알의 밀알이 땅에 떨어져 죽지 않으면
수많은 열매를 맺을 수 없듯이
내 것만 챙기기에 급급하여 움켜쥐고 있기보다
무엇이든 세상에 남길 수 있는 것을 준비하고
또 아낌없이 내어줘야 합니다.

소중한 밀알.

그 작은 씨앗의 영향력.

돈의 목적. 그리고 돈의 가치

돈… 돈… 돈…
돈이 없으면 살 수 없는 이 세상.

그래서 우리는 끊임없이 일을 하며 살아갑니다.

일하는 목적이 오로지 돈이라면 어떨까요?

일과 연관된 모든 것이 돈으로 보이기 시작하면서
자신의 양심을 등져버리고
돈보다 더 소중한 사람을 떠나게 만들고
머릿속은 오직 돈으로 가득해지고…
감정이 메말라버려 모질고 독하게
변해버리기도 하지요.

돈이 우선이 된다면 영혼 없는 기계처럼
무미건조하게 하루하루를 보내는
외로운 존재가 될 것입니다.

돈을 벌기 위해 일을 하는 우리지만
돈의 가치를 높일 수 있는 것도 우리입니다.

누구나 벌 수 있고 어디서나 볼 수 있는
흔한 돈이 아닌 나의 열정과 노력으로 얻게 된
뜨겁고 소중한 돈.

그 돈은 크고 작은 흔들림에도 변함없이
매일매일 책임감, 사명감으로 무장해야만
얻을 수 있습니다.

하루하루 다람쥐 쳇바퀴 도는 것처럼
똑같이 반복되는 일이 힘겨울 때도
내 안에 자부심이 있다면 지루함의 웅덩이에서
되도록 빨리 빠져나올 수 있겠지만
자부심도 보람도 느끼지 못하고
돈을 목적으로 시간 때우기 식의 일을 한다면
웅덩이 속에 적응하며 오래도록 머물러 있겠지요.

우리 삶에서 돈은 필수적인 것이지만
돈이 무엇보다 우선이 된다면 돈은 쌓일지 모르나
공허함과 외로움의 벽도 높게 쌓여갈 것입니다.

돈이 아닌 나의 발전과 보람을 목적으로 삼으세요.
그리하면 당신의 사명과 책임의식이 더 가치 있고
아름다운 돈의 밑바탕이
되어줄 것입니다.

내 안의 보물찾기

'저 사람처럼 되고 싶다.'

너무 부러워하지 마세요.

누군가에게 있는 것이 내겐 없지만
내게 있는 것이 누군가에겐 없을 테니까요.

내가 닮고 싶어 하는 그 사람은
재능이란 보물을 더 빨리 찾은 것뿐.

더 빛나는 보물이 내 안에 숨겨져 있다는 것을
잊지 마세요.

이미 반짝이는 보물이 내 안에 있음에도
누군가의 보물에 눈이 어두워 똑같이
따라서 만들어가고 있는 건 아닌지…

그만큼 따라가지 못하는 자신에게
당근과 채찍을 반복하고 있는 건 아닌지…

한 번쯤은 되돌아보며
이제 누군가를 동경하며 바라보던 눈으로
나 자신을 보고 내가 잘하는 것을
하나하나 적어보세요.

그동안 스쳐 지나갔던 나의 행동들이
장점이고 강점이었다는 것을
뒤늦게 알게 될 것입니다.

보물찾기 놀이처럼
보물은 만들어가는 것이 아니고
찾아가는 것입니다.

내 안에 있는 보물을
지금부터 찾아보세요.

보물은 이미 당신 안에
담겨 있답니다.

이젠 그것을

찾아내기만 하면 됩니다.

내 안의 보물찾기.
보물을 찾는 과정은 나를 알아가는
작은 여행입니다.

돈의 노예 & 돈의 주인

"돈에 얽매이지 말아라.

네가 하고 싶은 거 하고
먹고 싶은 거 먹으면서
현재에 후회 없이 살아라.

돈은 돌고 도는 것이라서 돈인 거다.
돈은 있어도 살고 없어도 사는 것이니
너무 돈을 모으려 애쓰지 마라.

돈이 많아도 쓸 줄 모르면 다 헛된 것이더라.
살아보니 돈은 그런 것이더라.

너는 후회 없도록 살아라."

아흔 살이 넘으신 외할머니께서 오늘 제게 해주신 말씀입니다.

전 그리 살렵니다.

낭비하지는 않더라도 하고 싶은 것 참으며
돈만 벌고 싶진 않으니까요.

돈을 벌기 위해 내게 상처주고 내 마음에게
인내심을 부탁하며,
나에게 미안해하는 삶을 살고 싶진 않으니까요.

돈을 벌기 위해 나를 위한 시간적 여유 없이
내 몸을 고문하며 살고 싶지 않으니까요.

풍족하진 않더라도 현재에 후회 없도록
행복할 수 있도록 최선을 다하고 싶습니다.

우리의 인생은 단 한 번뿐이고 너무 짧습니다.
오늘이, 내일이…
마지막 날이 될 수 있는 시한부 인생인 우리니까요.

돈의 노예가 되지 않도록
나 자신에게 후회 없이 그렇게 살렵니다.

돈은 나의 삶에 작은 조각일 뿐입니다.

소통의 열쇠를 내어줄 때까지

'도대체 말이 통하지 않아.'
'이상한 생각을 가지고 있어.'
'정말 대화하기 싫어.'

상대와 말이 통하지 않아서 답답한가요?
그건 상대도 마찬가지입니다.

처음부터 통하는 사람이 과연 몇이나 될까요?
서로 다른 환경에서 다른 것을 보고, 듣고,
느끼고, 말하고… 각각 다르게 살아온 사람들이
서로 소통하며 살아간다는 것 자체가 신기한 것이지요.

우리는 함께 어울려 살아가기 위해
소통에 노력하며 살고 있는 것입니다.

혼자가 아닌 함께 어울려
살아가야 하는 우리.

서로 다르지만
하나로 연결되어 있는 우리.

끊임없이 누군가를 만나고
소통하며 살아야 하는 우리니까요.

그러나…
어느 날 가끔은 상대가 나와 다름을 인정하고
존중하는 소통의 열쇠가 내게 있는 것을
알면서도 마음이 허락하지 않아 열쇠를 깊이
감춰버리기도 합니다.

그리고 마음이 소통의 열쇠를 내어줄 때까지
'서로 다르니 통하지 않는 게 당연한 것이지…'
'상대도 나와 마찬가지겠지…'
마법의 주문처럼 계속 되뇌입니다.

마음속에 메아리처럼 울려퍼지도록…

소통.
그것은 서로의 뜻이 통하여 막히지 아니하는 것.

내 인생의 기준

앞만 보며 걸어오던 어느 날.

내가 걸어온 길을 뒤돌아보며
지금 나는 잘 살고 있는 건지
이 길이 옳은 길인지 깊은 생각에
빠질 때가 있습니다.

당신이 지금 어떤 길에 서 있든…
어떻게 살아왔든…
누가 뭐라고 하든…

내가 주인인 내 삶은
내가 판단할 수 있는 것이니
다른 사람의 판단과 기준은 아무 상관없습니다.

어느 날 문득
내가 걸어온 길을 되돌아보며 생각에 잠길 때
저는 단 한 가지만 생각해봅니다.

'내 자신에게 부끄러운 행동을 한 게 있는지.'

잘 살았다는 것의 기준은
남이 아닌 내가 정하는 것.
내 눈으로 보는 나의 앞 길이니까요.

혼란스러움의 바람에 흔들리지않고
출렁이는 의심의 파도에 휩쓸리지 않기 위해
내 인생의 기준을 만들어 놓으세요.

내 눈으로 보는 나의 앞길을
더 당당하고 힘차게 나아갈 수 있을 것입니다.

내 인생의 기준은 나의 기준입니다.

분별력의 가위

엉켜버린 실타래를 풀려면 많은 집중력과
인내력이 필요합니다.
대부분 어떻게든 풀어보려고 노력해보지만
어느 정도 풀다가 불가능으로 판단될 때는
미련 없이 '싹둑' 잘라 엉키지 않게 다시 정리합니다.

사람의 마음도 그렇습니다.
엉켜버린 실타래처럼 복잡하고
더 이상 방법이 없을 땐 그 원인을 찾아
잘라버려야 하지요.

마음의 혼란함을 일으키는 것은 버리고
좋은 것은 남기고…
그렇게 다시 재정리하는 겁니다.

내게 도움 되지 않은 그 무언가 때문에
내 시간을 투자하고
내 집중력을 낭비하고
내게 인내심을 요구하지 마세요.

한숨이 나오기 시작할 땐
분별력의 가위를 들고 마음을 정리해야 합니다.

긴 머리를 다듬고
집을 대청소하고
건강을 위해 검진을 하듯
소홀할 수 있는 내 마음을 위해
가끔씩 마음정리를 해주세요.

자, 이제
분별력의 가위를 들어야 할 때입니다.

싹뚝!

나의 마음을 위한 배려습관

누군가를 배려하거나 도와야 할 때
마음이 따라주지 못하면 왠지 손해 보는 것 같고
진실성 또한 부족해집니다.

그럴 땐
그냥 나를 위해서
내가 좋아서 한다고 생각해보세요.

그러면 상대에게 기대하지 않게 됩니다.
기대하지 않으니 실망하거나 상처받을 일도 없고
사람을 평가하거나 차별할 일도 없지요.

작은 것이라도 베푸는 생활습관은
결국 남을 위한 게 아닌 나를 위한 것입니다.

남에게 '하나'를 받으면
'둘'을 줘야 마음이 편해지는 배려 습관.

나를 위해
남을 위해 필요한 선하고 따뜻한 습관입니다.

마음이 따라주지 않을 땐
그냥 마음을 내어주세요.

내어주는 마음은
결국 나의 마음을 위한 길이니까요.

사랑이라는 흔한 말

이 세상의 수많은 사람이 말합니다.

"사랑합니다."
"사랑해요."
"사랑해."

두근두근 설레이던 사랑이란 단어는
언제부터인가 흔한 말이 되어 버렸습니다.

나에게, 상대에게
가슴 뭉클함과 뜨거움이 느껴지지 않는다면
그건 사랑이 아닌
그냥 말뿐인 사랑인 것입니다.

사랑한다면
내 마음이 진심으로 상대에게 전해지도록
끊임없이 노력해야 합니다.

이 세상 그 무엇보다도
값지고 아름다운 사랑을 남용한다면

과연 무엇을 믿고 의지하며 살아야 할까요.
습관처럼 "사랑합니다." 를 반복했던
것을 되돌아봅니다.

이젠 그냥 사랑하지 마시고 이렇게 얘기해보세요.

"나는 당신을 '정말' 사랑합니다."라고

그날을 기다리며

나는 이곳에 있고…
당신은 그곳에 있고…

서로 함께할 수 없음이 슬픔으로 가득 차올라
사람을 멍하게 바보로 만들어 버립니다.

하지만
그 감정은 오래 지속되지 않습니다.

보고 싶은 당신을 가슴에 안은 채
정상적으로 산다는 건 견디기 힘든 일이고
그건 당신이 원하는 게 아니라는 걸 압니다.

이 세상을 온전히 살아가기 위해
어쩔 수 없이 외면하며 등지고 살아가야 합니다.

아무렇지 않게 언제든 당신을 마음에서 꺼내어
찾을 수 있는 그날을 기다려봅니다.

사랑합니다. 나의 어머니.

어머니를 다시 만날 그날을 기다리며…

3부

기다림과 설레임의 소리

기다림과 설레임의 소리

안개가 자욱한 아침.

오늘 어떤 일이 일어날지.
어떤 사람을 만날지.
안개 속과 같이 예측할 수 없는 하루하루를
살아가고 있는 우리.

앞이 보이지 않는 안개에 대한 두려움보다는
기대와 설레임의 마음으로
오늘도 과속하지 않고 한 걸음씩 걸어볼까요?

어느새 안개는 사라지고
맑은 하늘 아래 웃음 짓고 있을 거에요.

'두근두근'

오늘은 어떤 일이,
어떤 인연이 우리를 기다리고 있을까요?

기다림과 설레임의 소리.

'두근두근'

그리고 또

'두근두근'

다가가 두드리세요

'똑똑똑'

다가가서 두드리십니까?
그 자리에서 기다리십니까?

힘들면 먼저 다가가 두드리세요.

목마른 사람이 시냇물을 찾듯
마음이 메말라 갈급한 상태라면
내 마음에 촉촉이 단비를 뿌려줄 사람을 직접
찾아보는 겁니다.

아무 말 없이 무작정 기다린다고 해서
나를 찾아와주는 사람이
과연 몇이나 될까요?

기다릴수록 나는 점점 지쳐가고
표현하지 않으면,
두드리지 않으면 알 수 없어요.

먼저 다가가 두드리세요.
그리고 마음을 살짝 열어봅니다.

'활짝이 아닌 살짝' 을 꼭 잊지 마세요.

누구에게나 '활짝' 오픈하는 방법은
오히려 마음이 굳게 닫히는 부작용이 있으니까요.

이제 우리 마음을 '살짝' 오픈해 보아요.

'활짝이 아닌 살짝 말이죠.

나에게 귀 기울여 주세요

지친 누군가의 눈을 마주보고
그 이야기에 귀 기울이는 것만큼
상대에게 위로와 힘이 되는 것은 없습니다.

나의 모든 마음을 알아주고
따뜻하게 어루만져주는 그 느낌으로
무겁고 답답했던 마음이 한결 가벼워짐을
경험해 보셨을 겁니다.

우리는 상대에게 그렇게 영향력 있는,
참 능력 있는 존재입니다.

그러나 그 능력을
정작 나 자신이 힘들 땐
사용하지 못하는 게 문제이지요.

남에게는 따뜻하고 부드러운 나지만
자신에게는 차갑게도 무관심할 때가 많습니다.

나 자신도 남들과 똑같이 힘들고 지친 날,

그 누구의 위로와 도움도 받아들이기 싫은
그런 날이 있습니다.
다른 사람에게 마음 다해 위로한 것처럼
내게도 똑같이 해주세요.

냉정함이 아닌 따뜻함과 걱정스러운 눈빛으로
바라봐주고 내 마음속 이야기에 귀 기울이며
기다려주는 것이지요.

나와 소통하면서 나를 제대로 알고 인정해야만
남의 이야기에도 귀 기울일 수 있습니다.

내 마음이 요동치는 파도와 같다면
상대를 진심으로 위로하고
도움을 줄 수도 없으니까요.

나를 알아야 남을 알 수 있습니다.

그 자리에 내려놓는 답

'제발… 시간이 빨리 지나갔으면…'

원하지 않는 일이지만 피할 수 없는 일이라면
괜한 걱정으로 자신을 괴롭히지 마세요.

현재를 도피하거나 거부할 수 없는 일이라면
내 힘으로 할 수 있는 일도 없는 겁니다.

또한 걱정한다고 해서 해결되는 일은
아무것도 없으니 마음을 힘들게 하지 마세요.

내가 할 수 있는 일은
그 시간이 지나가길 기다리는 것이고
나의 생각과 마음으로 시간의 속도 조절만
할 수 있습니다.

나를 힘겹게 누르고 있는 감정들을 내려놓기란
내 안의 욕심과 생각의 무게 때문에
쉬운 일이 아니지요.

그러니 감정과 생각에 깊이 빠져들지 않도록
무관심으로 조금씩 내려놓는 연습이 필요합니다.

연습이 쌓이다 보면 습관이 되고
습관이 쌓이다 보면 내 생활의 일부가 되겠지요.

내 힘으로 아무것도 할 수 없을 때
'내려놓음'이 답일 수 있습니다.

답이 없을 땐
그 자리에 내려놓는 답.

트라우마 마주하기

사람들은 저마다 다양한 트라우마를 가지고
살아갑니다.

트라우마란 재해를 당한 뒤에 생기는 비정상적인
심리적 반응으로 어떤 장소, 물건, 동물, 사람,
상황… 등을 거부하기도 하고
괴로움에 시달리기도 하지요.

당신은 어떤 트라우마가 있습니까?

트라우마는 내 삶이 만든 것이고
현재 내 안에 존재하는 것입니다.

그러니 트라우마를 극복하고 치유하는 것도
오로지 내가 할 수 있는 것이지요.

내가 주인인 내 기억과 감정을
용기 내어 끄집어내고 새로운 경험으로
더 나은 기억을 만들어보는 거예요.

트라우마로 자리 잡던 부정적인 기억이
더 이상 밖으로 나오지 못하도록
더 크고 특별한 기억으로 덮어버리는 거지요.

한 번에 안 되면 두 번, 세 번…
반복적으로 트라우마를 피하지 말고 마주해 보세요.
두렵고 힘들지만 그렇게 극복하고
스스로 치유해보는 겁니다.

자신의 트라우마를 생각하며 웃음 지을 수 있는 날.
아무렇지 않게
지나칠 수 있는 날이 올 거예요.

트라우마를 깊이 묻어두지 마세요.
보물과 같은 소중한 기억으로 가슴 가득 채우기에도
바쁜 우리 인생이니까요.

힘들고 지칠 때 살아가는 방법

힘들고 지칠 때
움직이지 않는 마음을 흔들어
애써 힘내려 하지 말고
그냥 지금을 마음껏 느껴봐.

그러다 보면 마음이 스스로 움직일 거야
그때 다시 힘차게 일어서면 되는 거야.

힘내지 마.
힘내지 않아도 괜찮아.
그냥 지금을 마음껏 느껴 봐.

그게 살아가는 방법이야.

안전거리와 에어백

안전하게 운전하기 위해 앞차와의 안전거리를
유지합니다.

사고를 대비하기 위해 차량 내에는
비싼 에어백을 장착하게 되지요.

사람과 사람 사이에도
안전거리가 필요하지 않을까요?

사람과 사람 사이에도
에어백이 필요하지 않을까요?

상대가 어떤 사람인지 모르고
무작정 가까이 다가가다가는
실망이라는 상처를 남기기 쉬우니까요.

상대가 내게 상처를 주려 한다면
에어백을 터트려야 하니까요.

서로 안전거리 유지하며

상대를 알아가고 천천히 자신을 보여주어야 합니다.
조금의 틈을 보이면 자신의 이익과 목표를 위해
마음속으로 비집고 들어오는 계획적인 사람들.

상대에 대한 배려 없이 아무 때나 불쑥 들어와
당황하게 만드는 이기적인 사람들…

세상엔 이런 사람들이 참 많습니다.

원하지 않아도 함께 어울려 살다 보면
그런 사람들을 만나기도 하고
우리가 그런 사람이 되기도 하지요.

자동차에게도 그러하듯
우리에게도 안전거리와 에어백은
꼭 필요합니다.

나를 위해
상대를 위해

우리의 관계를 위해

안전거리를 유지하고 에어백을 준비하세요.

내가 주인공인 나의 소중한 추억들

어릴 적 살았던 집.
유난히 기억나는 집이 있나요?

꿈속에서 가끔 초등학교 때 살았던 집이
나오곤 합니다.
그때의 그 모습 그대로 저도 등장하곤 하지요.

이사를 한 후 잊고 지냈던 그곳을 아침마다
지나가게 됩니다.

친구들과 뛰어놀았던 마당.
참 넓던 그 마당이 지금은 '저기서 어떻게
뛰어놀았을까' 할 정도로 좁아 보이고,
어두워지면 무서워서 마음을 다잡고 뛰어야 했던
골목길은 옆으로 흐르던 물이 없어져
이젠 음침한 골목길은 사라지고…
기차소리는 여전히 경쾌하게 들리더군요.

많은 추억이 존재하는 그 길을 지나며
어릴 적 나의 이야기들을 회상해봅니다.

그곳을 지날 때마다 잊고 지내왔던 추억이
샘솟듯 떠오르고 작은 나를 만나며
소중한 기억을 선물 받는 기분이더군요.

시간이 흐르면서 추억은 차곡차곡 쌓이고
우리의 기억력은 점점 사라져갑니다.

시간을 거슬러 올라가거나 잡아둘 순 없기에
소중한 추억이 하나씩 잊혀가는 게
당연한 거지만 안타까운 마음이지요.

저는 추억들을 기억하기 위해
수집하고 기록하는 습관이 있습니다.
특별한 날, 기억하고 싶은 날, 사람, 물건,
장소, 감정 노래… 등을 사진과 동영상으로
남기고, 그 감정들을 글로 기록합니다.
그리고 가끔씩 추억상자를 꺼내보며
그때 그 감정을 느끼며 재충전의
시간을 가져보기도 하지요.

물론 행복하고 좋은 추억만 있는 건 아닙니다.
슬프고, 힘들고, 부끄럽고… 생각조차 하기
싫은 날의 추억들도 함께 들어있지요.

부정적인 감정이나 추억은 나의 발전에 도움이
되지 않는다고 생각하는 경우가 많지만
똑같은 실수를 반복하지 않기 위해 자신을
연단하는 하나의 방법이 되기도 합니다.

시간이 지난 후 생각하고 싶지 않았던 그 추억을
꺼내볼 땐 지금까지 잘 견디고
이겨낸 자신을 보며 자존감도 향상될 테니까요.

내가 살아온 시간들을 추억상자에 담아두세요.

나의 오늘은 다시 오지 않고
오늘을 다시 기억할 수 없는 날이 올 테니까요.

단 하루뿐인
소중한 하루하루에 최선을 다하고

그 어떤 추억이든 내가 주인공인 기억을
감사함으로 간직하세요.

'내가 주인공인 나의 소중한 추억을'

두려워하지 않기

넘어지는 것을 두려워하지 마세요.
넘어진 그대로 계속 있는 사람은 없어요.
시간 차이일 뿐 누구든 꼭 일어날 테고
일어날 땐 그 무언가를 손에 쥐고 있을 테니
지금 넘어지는 것을 두려워하지 마세요.

흔들리는 것을 두려워 마세요.
세찬 바람의 흔들림에 맞춰 호흡하다 보면
그 흔들림을 즐기게 되고
어떤 바람도 두렵지 않게 되어
그 자리에 더 든든히 자리 잡게 될 테니
지금 흔들리는 것을 두려워하지 마세요.

따가운 햇살을 두려워하지 마세요.
햇살을 피하기보다 당당히 마주하게 되면
더더욱 무르익어 귀한 열매의 선물을 안길 테니
지금 따가운 햇살을 두려워하지 마세요.

끝없이 밀려오는 생각들을 두려워하지 마세요.
생각이 많아 아무것도 할 수 없을 땐

그냥 미련없이 놓아버리세요.
시간이 지나가고 나면 생각들도 조용히 사라질 테니
지금 생각들을 두려워하지 마세요.

두려움은 내게 아무 도움이 되지 않는답니다.

두려움이 내게 오려 할 땐
자신의 나약함에 실망하기보다
나를 다독이며

"괜찮아."

"괜찮아."

"괜찮아질 거야." 하고 이야기해주세요.

그렇게 내 마음 깊은 곳에 있는
작은 아이에게 힘을 더해주세요.

4부

나를 지키는 방법

믿음은 곧 의리

누가 뭐라고 한들
한쪽 귀만 열려서 이리저리 흔들리지 않고
내 주관과 신념이 확실하다면
끝까지 믿고 기다리는 게 답입니다.

만약 내 생각이 틀렸다 해도
그게 내 사람에 대한 의리이고
진정한 믿음이니까요.

“사람과 사람 사이의 의리”

믿음은 곧 의리입니다.

나를 지키는 방법

무관심도 하나의 방법입니다.

상대가
어떤 말을 하든
어떤 행동을 하든
어떤 생각을 하든

두 귀를 닫고
두 눈을 감고
생각을 접고 나 홀로 이야기합니다.

'그러든지 말든지…'

인내심이 바닥이 되어
나 자신을 괴롭히고 있을 때
상대의 모든 것을 놓아버리고 이야기합니다.

'그러든지 말든지…'

무관심은 나를 지키기 위한
하나의 방법입니다.

정중한 사양

사람이 좋습니다.
사람을 믿습니다.

하지만
바람에 날리는 하얀 눈처럼
아름다운 설레임으로 곁에 머물다 흔적 없이
아픔을 남기고 떠나버릴 사람은 사양합니다.

호기심으로…
겉모습만 보고…
목적을 가지고…
받기만을 바라는 이기심으로…
믿음 없이 제게 다가오지 마세요.

칼로 베인 상처보다
사람에게 받은 상처는 더 잔인하고 아프니까요.

진심은 인간관계의 기본
저는 진심이 있는 사람을 원해요.
저와 똑같은 마음이 아니면 다가오지 마세요.

이젠 사양합니다.

두려움 많은 우리

스무 살이 조금 넘을 때였습니다.

고등학생 때 어머님이 돌아가신 후로 친구들과
연락을 끊고 한동안 혼자만의 시간을 보냈습니다.
시간이 흐른 후 오랜만에 만난 친구들과 그동안의
안부를 물으며 이야기를 나누게 되었지요.

저는 예전과 같이 밝고 활기차게 대했습니다.
한 친구가 화장실에 가고 남은 친구가 제게 나지막
이 이야기하더군요.

"너 많이 힘들구나."

그 말 한 마디에 마치 뒤통수를 맞은 것처럼
정지되어버렸고 숨겨두었던 마음을 들켜버린 것 같아
어디론가 사라져버리고 싶었습니다.
그런데 누군가가 내 마음을 알아준다는 것에 대한
안도감이 더 커서 그동안 힘겹게 억누르고 있던
감정이 폭발하여 창피함도 모르고 그 자리에서
펑펑 울었었지요.

숨겨두었던 감정들은 언제나 그자리에
머물러 있지만
우리는 당연하게 어른이라는 이유로 괜찮고,
잘 이겨낼 수 있다고 믿어버립니다.

쉽게 울고, 웃던 어릴 때와는 달리 어른이
되어 가면서 마음의 소리가 아닌 자존심의 소리에만
귀 기울이기 때문이지요.
눌리고 상처받은 감정은 언제 밖으로
튀어나올지도 모른 채 우리는 내 마음에게
인내를 요구하며 살아갑니다.

겉모습은 강해보이는 어른일지도 모르지만
마음은 여전히 아이처럼 여리고 순수하고
두려움 많은 우리.

살아가기 위해 견뎌내고 있지만
마음은 상처 받아 울고 있는 우리.

내 마음속에서 울리는 소리에는 귀를 닫고

어른이니까 괜찮다고 착각하며
살고 있는 건 아닌지요.

우리는 괜찮지 않습니다.

어린 아이의 머리를 쓰다듬으며
따뜻하게 포옹해주고
아프고 힘든 마음을 위로해주는 것처럼
내 마음속 아이에게도
잘 견디며 살아가고 있음을 장하다고,
대견스럽다고 위로해주세요.

울고 있는 내 마음속 아이에게…

행복은

사랑에 대한 욕심 때문에 모든 사람에게 사랑 받고
인정 받는 것이 행복이라고 생각하며 살아왔습니다.

나만의 착각으로
수없이 울다 웃다를 반복한 후…
비로소 알게 되었습니다.

행복은
사람들에게 인정받으려
사랑받으려 노력하기보다
나 스스로를 인정하고 나를 사랑하는 것.

행복은
나의 있는 모습 그대로를 사랑해주는 사람을
만나고 함께 사랑을 나누는 것.

행복은
누가 뭐라 한들
내가 나다울 때 느낄 수 있는 것.

내가 행복해야 진정한 행복이라는 것.

행복은 내가 누리는 감정입니다.

새로움에 대하여

아무리 더워도, 힘든 운동을 해도 이마에 살짝
송골송골 맺힐 정도의 땀을 흘리더니
어느 순간 조금만 더워도 뚝뚝 떨어집니다.
새로운 변화가 찾아오면 슬그머니 반갑지 않은
두려움도 덩달아 함께하기에 처음엔
이 땀방울이 당황스러웠지요.

그러나 사람은 적응력이 참 빠릅니다.
자연스레 부채와 손수건을 항상 소지하게 되고
얼굴에서 땀방울이 주르륵 흐를 때
신기함과 알 수 없는 쾌감을 느끼게 되더군요.

그리고 비로소 알게 되었습니다.

내가 흘린 땀방울은
나를 더 건강하게 만들고
열심히 움직인 노력의 결과이며
그냥 지나치던 바람의 소중함을 알게 해주고
내게 또 다른 만족감과 성취감을 선물해
준다는 것을요.

땀방울의 가치를 알고 나 홀로 산을 찾아갔습니다.
산을 오르고, 내려오며 많은 사람의 모습이
보입니다.

땀 흘리며 올라가는 저를 보고 "수고하세요!"
하고 웃으며 먼저 인사하시는 할아버지.

혼자 올라가기도 벅찬 저에 비해 아이까지
안고 오르는 무한한 어머니의 힘을 보여주시는
아주머니.

정상에서 딸에게 격려해주며 따뜻한 미소로
부채질을 해주는 어머니.

의자에 나란히 앉아 도란도란 이야기를 나누시는
노부부.

이 풍경을 보고 있으니 저절로 마음이 따뜻해지고
땀 흘린 만큼 가볍고 평안해집니다.

새로움에 대한 두려움은 누구에게나 있지요.
단지 그 두려움을 이길 수 있는 적응력이
다를 뿐입니다.

새로움에 대한 두려움은 잠시 뒤로한 채
먼저 새로움이라는 녀석의 장점을 찾아보세요.

나의 생각과 마음에 따라
두려움이 설렘이 되고
불안함이 편안함이 되고
단점이 장점이 됩니다.

분명한 건 사람은 시간 차이일 뿐 언젠가
새로움에 적응한다는 것이지요.

그 생각 차이와 시간 차이는 당신의 몫입니다.

둔감훈련

깊은 슬픔이 나를 이겨먹고
아무 생각 없이 눈물만 나올 때…

스스로 만든 틀에 가둬
자신을 강제로 맞춰가고 있을 때…

내 맘과 다른 그 사람에게
과한 기대와 욕심이 생길 때…

사무치게 그리운 사람이 떠올라
나를 약하게 만들 때…

소란스러운 생각들을 잠재우고 싶을 때…

감정의 노예가 되어가고 있을 때…

무뎌지기.
둔해지기.
길들여지기.
내 자신을 위한 둔.감.훈.련

눈길 운전과 인간관계

눈이 오는 날…

미끄러운 길을 천천히
과속하지 않고 서행한다.

차선이 보이지 않아
앞차에게 의지하고
옆차를 주의하며 움직인다.

세게 브레이크를 밟기를 절제하고
부드럽게 천천히 밟아준다.

좁은 길을 멀리하고
차들이 많이 다니는 큰 길을 찾는다.

눈길 운전은 우리를 긴장하게 만들고
조심스럽게 만들지요.

우리의 인간관계도 그런 것 같아요.
상대에게 과속하지 않고 천천히 마음을 준다면,

어떤 일이 있어도 이해해주고 믿어주는 마음만
있다면 서로 상처가 생기는 일은 없을 겁니다.

눈길 운전처럼
과속하거나 방심하지 않고
때로는 앞차에게 의지하기도 하고
주의도 하면서 조심조심 천천히…

그렇게
마음의 사고가 생기지 않도록 자신을 지켜보세요.

인간관계는
아름다우면서도 조심스러운 눈길 운전과도
같으니까요.

고마워

세상의 거센 바람과 시련의 파도를 잘 견디고
여기까지 와줘서 고마워.

쉽게 갈 수 있는 길도
'지금'이 아닌 '나중'을 위해 멀리 돌아가는
끈기와 고집이 있어서 고마워.

많은 유혹과 흔들림 속에서도 너의 일에
자부심을 가지고
최선을 다해줘서 고마워.

자기만의 주관으로 옳고 그름을 분별하고
지혜롭게 깊이 생각해줘서 고마워.

모두가 아니라고 고개를 돌릴 때
자신을 믿고 끝까지 전진해줘서 고마워.

다양한 감정을 건강하게 지키고
숨김없이 적절하게 표현해줘서 고마워.

바닥으로 깊이 가라앉는 고독의 시간에
재촉하지 않고 묵묵히 믿고 기다려줘서 고마워.

넘어지는 그 가운데서도
깨달음이란 보물을 찾고 다시 일어나줘서 고마워.

네가 사랑하는, 너를 사랑하는 사람들을 위해
행복을 만들어가줘서 고마워.

'하나'를 받으면 '둘'을 줘야 마음이 놓이는
남을 위한 배려가 마음 깊이 자리 잡아줘서 고마워.

완벽주의가 아님에도
완벽주의처럼 최선을 다하려는 성격에
몸과 마음은 괴롭고 힘들지만 너의 열정으로
이겨내줘서 고마워.

겉모습은 작고 보잘것없지만
작은 거인으로 살아줘서 고마워.

너의 모습 그대로 이 세상에 있어줘서 고마워.

나 자신에게 고맙다고 이야기해본 적 있나요?

이제 펜을 들어 자신에게 고마운 점을
하나, 둘 적어보세요.

그리고 아무도 없는 나만의 공간에서
내게 이야기하듯 읽어봅니다.

그 시간을 통해
나를 이해하고 나의 진정한 가치를 깨닫게
될 거예요.
그리고 몰랐던 내 안의 잠재된 능력도
알 수 있겠지요.

남에게 칭찬받은 것보다
몇 배의 효과가 있을 겁니다.

지금 내게 속삭여주세요
"고마워" 라고.

그런 사람

수많은 사람 사이에서도
빛이 나서 쉽게 찾을 수 있는 사람.

어디를 가든,. 누구와 있든, 무엇을 하든…
늘 마음속에 존재하는 사람.

아침에 눈 뜨면 먼저 떠오르고
잠들 때 어김없이 생각나는…
시작과 끝을 함께하는 사람.

모두에게 등을 돌리고 싶은
침묵시간에 유일하게 떠오르는 사람.

좋은 것을 접할 때 자연스레 생각나는 사람.

누구에게든 자랑스럽고 자신 있게
소개할 수 있는 사람.

연관된 단어, 물건, 느낌만으로도
행복한 미소를 선물해주는 사람.

나보다 더 행복하고 잘 되길
간절히 소망하는 사람.

곁에 있는 것만으로도…
함께한 추억이 있는 것만으로도…
이 세상에 존재하는 것만으로도
감사하고 또 감사한 사람

우리에게 필요한 바로 그런 사람.